Osos

Julie Murray

Abdo
Kids

¡ME GUSTAN LOS ANIMALES!

abdopublishing.com

Published by Abdo Kids, a division of ABDO, PO Box 398166, Minneapolis, Minnesota 55439.
Copyright © 2017 by Abdo Consulting Group, Inc. International copyrights reserved in all countries.
No part of this book may be reproduced in any form without written permission from the publisher.

Printed in the United States of America, North Mankato, Minnesota.

102016

012017

THIS BOOK CONTAINS
RECYCLED MATERIALS

Spanish Translator: Maria Puchol

Photo Credits: iStock, Shutterstock

Production Contributors: Teddy Borth, Jennie Forsberg, Grace Hansen

Design Contributors: Candice Keimig, Dorothy Toth

Publisher's Cataloging-in-Publication Data

Names: Murray, Julie, author.

Title: Osos / by Julie Murray.

Other titles: Bears. Spanish

Description: Minneapolis, MN : Abdo Kids, 2017. | Series: ¡Me gustan los
   animales! | Includes bibliographical references and index.

Identifiers: LCCN 2016947543 | ISBN 9781624026294 (lib. bdg.) |
   ISBN 9781624028533 (ebook)

Subjects: LCSH: Bears--Juvenile literature. | Spanish language materials--
   Juvenile literature.

Classification: DDC 599.78--dc23

LC record available at http://lccn.loc.gov/2016947543

Contenido

Osos

Hay osos por todo el mundo.

El oso panda vive en China.

Los osos tienen pelaje denso.

Tienen garras afiladas.

Algunos osos son negros.
Otros son de color café, se
llaman osos pardos. Los
osos polares son blancos.

oso negro

oso pardo

oso polar

9

Los osos tienen buen sentido del olfato. También pueden oír muy bien.

Los osos comen plantas y animales. ¡A los osos pardos les encanta comer **salmón**!

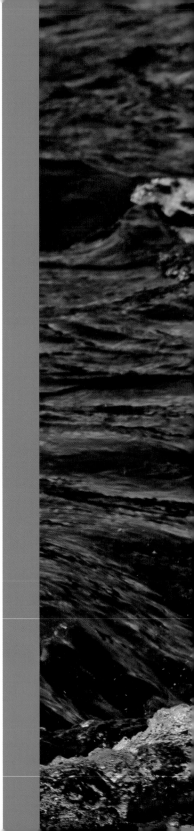

Los osos saben nadar. Los osos polares son muy buenos nadadores.

¡Los osos pueden treparse a los árboles! Los osos negros pueden trepar muy bien.

Los osos pueden correr rápido.
¡Algunos pueden correr a 30
millas por hora (48 km/h)!

¿Qué te gusta de los osos?

21

Algunos tipos de osos

oso panda

oso perezoso

oso pardo

oso polar

Glosario

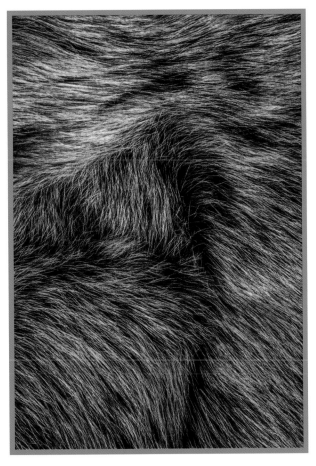

denso
gran cantidad de algo
muy compacto.

salmón
tipo de pez.

Índice

abdokids.com

¡Usa este código para entrar en abdokids.com y tener acceso a juegos, arte, videos y mucho más!

Código Abdo Kids:
IBK5284